JN439083

먼 바닷가에서는
파도가 그림을 그리면
해가 나와 그 그림을 본다

먼 바닷가에서는
썰물로 모래톱 아득해지면
게들이 나와 그림을 그리고
물새들 또한 그림을 그린다

먼 바닷가에서는
그렇게들 그려 놓은 그림을
그렇게 살아 있는 그림을
밤새도록 달만 보고 간다

먼 바닷가에서는
그렇게 하루 종일 매일매일
새로운 그림을 그리고
또 지우며 그렇게들 살아간다

먼 바닷가에서는
밀물이 새 화면을 만들면
바람 또한 새 그림을 그린다

「먼 바닷가에서는」 전문

지금은 마지막 햇볕으로
꽃을 피우는 시기

지금은 마지막 햇볕으로
꽃을 피우는 시기

윤병화

자서(自序)

시는 위로다

'시를 왜 읽는가?'

이 물음에 대한 답은 적지 않을 것으로 생각된다. 그만큼 다양한 이유가 존재하겠지만, 이 물음에 대한 내 답은 '위로받기 위해서' 이다. 왜냐하면 나 자신이 외로워진다거나 슬픔에 처했을 때, 시를 가까이하고 읽어왔기 때문이다.

기억을 되짚어보면 내가 읽었던 최초의 시는 어린 시절 시골 이발관에 걸려있던 푸시킨의 「삶」이라는 시였다.

생활이 그대를 속일지라도
슬퍼하거나 노하지 말라
설움의 날을 참고 견디면
머지않아 기쁨의 날이 오리니

현재는 언제나 슬픈 것
마음은 미래에 살고
모든 것은 순간이다
그리고 지난 것을 그리워하느니라

나는 평생 긴 독서와 먼 여행을 즐겨하며 살았다. 물

론 성경도 불경도 읽어 보긴 했다. 그러나 솔직히 시처럼 위로받지 못했다. 그래서인가 남들이 성지 순례를 할 때, 나는 푸시킨의 도시를 워즈워스의 고향을 릴케나 헤르만 헤세가 살았던 마을을 찾아다녔고, 로버트 프로스트의 나라를 여행했다.

시집을 낸다는 것은 내겐 부끄러운 일 중의 하나이다. '이 이상은 쓸 수 없다.' 는 내 능력의 바닥을 보여주는 동시에 그 정도의 사람으로 비치고 기억될 것이기 때문이다. 그러나 어찌하랴! 이것이 나이고 나의 한계인 것을. 하지만 내 가슴에 남아 있던 미련 하나만은 내려놓을 수 있을 것 같다.

어떻든 이들 내 시는 간직하고 싶은 내 마음이요, 내가 아직 살아 있다는 증표요, 나누고픈 마음이기도 하다. 따라서 내 보잘것없는 시가 읽는 사람들에게 위로가 된다면 더없는 일이겠지만, 그렇지 못하다 하더라도 나는 괘념하지 않겠다. 그것은 내 시가 나 자신을 위로해 줄 것이기에…….

2023년 5월
괴산 樂書齋에서

목차

3. 별꽃

4. 내게 남은 좋은 것 하나

5. 강을 보며 사네

1

슬픔을 남기지 않는

슬픔을 남기지 않는

기쁨이 남기고 간 찌꺼기를 슬픔이라 해도 좋다
저마다 밀어내는 슬픔을 받아 안아본 자만이 안다
남의 슬픔을 밥처럼 먹어본 자만이
몸 깊숙이 소화해본 자만이
기쁨의 참뜻이 무엇인지를 안다

그리하여 조금이라도 슬픔을 줄여본 자만이 안다
보이지 않게 먹어 치운 자만이 안다
그냥 슬픔이 슬퍼서 사랑해본 자만이
슬픔이 가신 세상을 꿈꾸어본 자만이
진정한 기쁨이 무엇이라는 것을 안다

슬픔을 남기지 않는 기쁨은 다 어디로 갔는가?

슬픔이 나를 찾아와

슬픔이
나를 찾아와
묻습니다

외로운
내가 갈 곳은
어디냐고

그래서
같이 있기로
했습니다

또다시
돌려보내기
뭐해서……

기쁨이란

기쁨이
내 곁에 와
앉습니다

당신이 좋아서
찾아왔다며
웃습니다

고마운 일입니다

그러나 다시
돌려보내기로
했습니다

돌아가며 맞는
기쁨이
더 좋은 것 같아

내 슬픔으로

내 슬픔으로
그 누군가가 기뻐할 수 있다면
내 슬픔으로 내 슬픔으로
그 누군가가 행복할 수 있다면

내 슬픔도 내 슬픔으로
내 슬픔의 깊은 의미를 찾으리

슬픔의 지혜

지혜는 어디에서 오는가
그것은 슬픔을 먹고서야 온다
나는 그것을 나이를 먹은 뒤에야 알았다

지혜는 늘 슬픔 뒤에 때늦은 걸음으로 온다
나는 그것을 가난해지고서야 알았다
속고 무너지고 나서 알았다
망하고 나서야 알았다

지혜는 슬픔을 먹고서야 온다
나는 그것을 사랑이 떠나간 뒤에야 알았다
그리움은 늘 이별 뒤에 온다는 것을

미네르바의 부엉이는 황혼녘에 날개를 편다
이것은 어느 나라 철학자의 말이다
슬픔이 또 하나의 지혜로 남는 밤
나는 또 다른 아침을 생각할 수밖에 없다

고독에 기대어

어느 날부터인가
고독이 내게 다가와
기댑니다

그러면서
홀로 있어서 왔다고
속삭입니다

나도 적적해
그와 함께하기로
했습니다

의지해 온 고독이
안됐어 나도
그에게 기대어 삽니다

가을에는 잠시

가을에는 잠시
흔들려 보는 것도 좋다

우수수 떨어져 내리는 낙엽이
길을 덮을 때
바람 따라 낙엽 따라
흔들려 보는 것도 좋다

억새는 언덕에서 더욱 빛나고
어느새 투명해진 강물
구름은 그림자를 이끌고
산 너머로 흘러간다

이제
바람 따라 불려가도 좋고
구름 따라 흘러가도 좋다

가을에는 고독하게
슬픔에 젖어
잠시 흔들려 보는 것도 좋다

술렁이듯
흔들리듯

물음

나의 성공이
그들의 실패라면
어떡해야 합니까

나의 선택이
그들의 절망이라면
어떡해야 합니까

나의 양보가
그들의 지배라면
어떡해야 합니까

나의 사랑이
그들의 굴욕이라면
어떡해야 합니까

어머니의 사랑 앞에

어머니의 사랑 앞에 무릎 꿇던 날
나는 비로소 철이 들었고
더 이상의 신앙은 필요 없었다

옆 사람에게 주는 편지

자리에서 일어나면 제일 먼저 보는 것이 서로의 얼굴이었습니다. 그리고 같은 창을 통해 우리는 함께 가꾼 정원을, 그 앞으로 흐르는 반짝이는 강물을, 우리가 사랑하는 고산정 소나무 숲을, 울타리처럼 이어지는 산의 능선을, 함께 바라다보곤 했습니다.

새잎이 나면 새잎이 나는 것을, 꽃이 필 때면 꽃이 피어나는 것을, 비가 올 때면 비가 오는 것을, 달이 뜰 때면 달이 뜨는 것을, 별이 나면 별이 나오는 것을, 눈이 날리면 눈이 내리는 것을, 함께 맞았고 또 함께 바라보았습니다.

매일 걷는 강변길. 싫증이 나면 우리는 이따금 산을 걸어 올랐고, 쉬면서 지나온 길을 함께 내려다보았습니다. 시냇물 굽이치는 아득한 마을을 눈으로 더듬어 내리며 추억했고, 지난 세월을 그리워했고, 또 지금의 이 시간을 사랑하였습니다.

저녁이면 노을을 등에 지고 집으로 돌아와 붙어 앉은 벤치에서 흘러가는 강물을, 새들이 날아가는 하늘을, 물미끄럼을 타는 오리를, 며칠씩 강가를 떠나지 않는 낚시꾼을 같이 내려다보곤 했습니다.

함께 보고 함께 써온 시간이 우리의 하루였고 삶이었고 인생이었습니다. 서로 믿고 의지하며 먼먼 길을 함께 걸어온 그대여! 선물 같은 시간을 함께 써온 그대여! 그대는 진정 나의 동반자였습니다. 이 편지를 두고두고 읽어 줄…….

결혼을 하여 산다는 것은

결혼을 하여 산다는 것은
내 시간의 절반을 내어주고
내 먹을 것의 절반을 내어주고
내 생활의 절반을 내어줌으로써
그의 빈 절반을 채워준다는 의미다

결혼을 하여 산다는 것은
내 이기심의 절반을 내어주고
내 자존심의 절반을 내어주고
내 생각의 절반을 내어줌으로써
새로운 절반을 얻게 된다는 의미다

결혼을 하여 산다는 것은
내 몸의 절반을 내어주고
내 마음의 절반을 내어줌으로써
비로소 하나가 되는 사랑과
함께 하는 행복을 얻게 된다는 의미다

2

그리움이라는 거

그리움이라는 거

내가 누군가를 그리워한다는 것은
그에게 아직도 빚진 사랑이
내 마음속 깊이 남아 있다는 거다

이렇듯 지금 내가 만드는 그리움은
어떻게 익어가고 있는가
누군가에게는 고소하게
누군가에게는 아주 지긋하게
누군가에게는 숙성되듯 깊은 맛으로
아니면 고마움으로
또는 저릿한 슬픔으로

내가 진실로 진실로 사랑을 한다는 것은
누군가에게 그리움을 남기는 거다
헤어진 훗날에 떠나 멀어진 먼 훗날까지도
혹은 죽어 아득해진 아주 먼먼 세월의 뒷날에 가서야
알게 되고 피어나는 그리움이라는 것을

그리움이라는 거는 이별 뒤에
사랑을 남기는 거다
사랑을 빚지게 하는 거다

아, 나는 누구의 그리움으로 쌓일까

선언

이제는 보기 싫은 사람 보지 않겠다
이제는 먹기 싫은 술 먹지 않겠다
이제는 보고 싶은 사람만 보며 살겠다

이제 나는 조직을 떠났다
이제 나는 무리를 떠났다
받는 것 가지고 글만 써도 되는 자유인이다
텃밭 가꿔 먹고 사는 자연인이다

나를 더 이상 얽어맬 사람은 없다
내 자유가 혹 외로움이 될지라도
나는 내 하고 싶은 것 하며 살겠다

나는 자유(自由)다
내 스스로 말미암는
내 스스로가 결정짓는
자유인(自由人)이다

그가 나에게

아무리 돈이 많아도 지나간 시간은 살 수가 없고
그래서 시간은 가치 있고도 소중한 것

지금은 마지막 햇볕으로 꽃을 피우는 시기
그러니 서둘러 가라
네가 꿈꾸고 사랑했던 그곳으로

퇴직 후

퇴직 후의 시간은
내게 남겨진 선물이다

더 이상 무엇을 위해
신경 쓰지 않아도 된다
수를 쓰지 않아도 된다

더는 돈 버는 데도
욕심을 버렸다
적으나마 연금으로 살아가면 된다
죽을 때까지
여유롭게 시간 쓰며 살면 된다

그런 마음 가지니까
퇴직을 하고부터
가장 크게 달라진 것이
있다

마음은 새털처럼 가벼워지고
나의 걸음이
느려졌다는 것이다
느리게 아주 천천히
걷게 되었다는 것이다

그렇게 걷다 보니
잃어버렸듯이 잊혀진
길가의 꽃들도 내 눈에 들어오고

스쳐 가는 바람도 느껴지고
그 속에 실려 오는
꽃향기도 맡게 되었다는 것이다

어느새
하늘에 뜬 조각달은
그리운 얼굴처럼 다정하게 다가오고

서두를 것 없이 천천히 걷다 보니
이제사 제정신으로 돌아온 느낌이다
잃어버린 내 마음을 찾은 것 같다

맘 편케
제대로 보고 느낄 수 있으니
이것만으로도
해탈한 기분이다
참 좋은 나날이다

나를 버리고 자연 앞에 서다

한 사람으로 태어나 내게 붙여져 왔던 적잖은 이름들을 생각해 본다. 이제 돌고 돌아 고향 땅으로 돌아온 나는 강 앞에 이르러 내 모든 이름과 작별을 한다. 한때는 순수했고 그래서 떳떳했던 그런가 하면 때 묻어 부끄럽기도 했던 내 이름들이여! 잘 가거라. 강물 따라 멀리멀리. 이제 속세인 조직에서의 내 직함도 이름 앞에 붙던 수식적 호칭도 나는 다 버리기로 한다. 내 최초의 부름만을 남긴 채…….

그러고 나니 바람처럼 가볍고
가벼우니 떠도는 구름처럼 자유롭다
내 모든 이름을 주고 바꾸어 버린 순수여!
이제 나는 아무것도 아니다
이것으로써 자격을 얻었으니 나는 자연에게로 간다
한 줄기 풀로 한 그루의 나무로

이것은 제대로 바라보기 위한 결심이요
그들과 함께 하고 싶은 마음이다
보여주기 위한 몸짓이 아니다
자신을 잊고 바라보는 것으로써의 눈빛이다
관조하는 것으로써 그들 곁에 서 보니
그 속에는 바라보는 기쁨이 있다

이것은 그들 가까이에 다가서기 위한 행위이다
나에게 거듭 말하지만 나는 아무것도 아니다
아무것도 아닐 때 비로소 보이는 것들

나는 바람이요 구름이요 흘러가는 물이다
그들같이 하나 된 자연이요 우주이다

자유란 무엇인가

자유란 무엇인가
그것은 시쳇말로
돈과 시간을 개무시하는 행위다
돈과 시간을 짓밟고 나서는 용기다
먹는 것도 먹을 곳도 잊은 발걸음이다
꽃이 핀 숲길을 저물도록 지치도록
걸어보고 걸어가는 뒷모습이다

생각하기에 따라
마음은 양지도 되고 음지도 된다

걱정하지 마라
내일을 끌어 미리 걱정하지 마라
그것은 내일 가서 부닥치게 될 일이요
걱정은 그때 가서 하면 된다
내일보다 더 중요한 것이 오늘이다
오늘이 없는 내일이 어찌 존재할 수 있으랴

멈추지 않는 것이 시간이다
지금에 이르러
내 생의 가장 젊은 날은 오늘이다

나는 프러포즈를 위해

백만 송이 장미를 사기 위해
살던 집과 기르던 소와 캔버스까지 몽땅 팔아 버린
러시아의 천재 화가 니코 피로스마니를 이해하기로 했다
이제부터 내 자유도 그 사랑처럼 극단적이고 전적이다
선택한 가난이기에 후회하지 않겠다
그 대신 자유를 얻었으니
가자 벚꽃이 만발한 저 아득한 숲길로

아내의 왕

나는 그녀의 왕이다
그녀는 오직 하나밖에 없는 백성이다
백성이 없는 왕은 왕이 아니다
이렇게 그녀는 나를 왕으로 만들어 준 사람이다
나를 위해 태어난 사람, 바보 같은 사람
그렇기에 나는 집에서 왕으로 살 수 있었다
왕은 백성을 끝까지 지켜 줄 때만이 왕이다
백성을 사랑하는 왕이 진짜 왕이다

나의 왕비

퇴직 이후 나는 대공으로 살기로 했다
나의 왕관을 아내에게 양위하기로 했다
그녀는 나의 왕비인 동시에 나의 아내다
나는 그녀의 유일한 백성이며
곁에서 그녀를 보필해야만 하는 충직한 신하다
이제 그녀에 대한 사랑은 연정도 애정도 아니다
연민에 의한 인간적 사랑이다
나는 왕궁의 왕비를 지키는 파수꾼이다

비 오는 날에는 수덕사에 가고 싶다

비 오는 날에는 수덕사에 가고 싶다
그냥 빗소리나 들으러 가고 싶다

도량을 둘러친 소나무들이 울창한

고동빛 그 오랜 기둥이 떠받치고 있는
대웅전 툇마루에 다가앉아

하염없이 하염없이
낙숫물 떨어지는 모양이나 바라보다가
졸졸졸 흘러내리는 빗물 소리나 들어보다가

물 먹고 씻긴 그 소나무들이
드디어 청청한 솔빛을 드러내는

그리하여 퇴색한 내 마음을 씻어내고도 남을
그때를 기다려 돌아오는

그곳 수덕사에 가고 싶다
이렇듯 비가 내리는 날이면

가난한 날에 대한 그리움

살다 보면 가난이 그리울 때가 있다
다시 못 올 시간이기에 그런 거다
세월 가면 모든 게 그리움이 되나 보다
가난이 그리움으로 쌓인 지난 시간을 되돌아본다
끊이지 않고 가버린 시간에 그저 감사할 뿐이다
아쉽지만 이렇게 추억을 남겨주었으니까
참 많은 시간이 가뭇없이 흘러갔다

귀향 문답

1

누나야
우리 고향 가 살아볼까

시냇물 맑게 흐르고
사과가 향기롭게 익어가는 언덕에
오두막집 나란히 짓고
작은 텃밭 가꾸면서 그렇게 살아볼까

강 건너 달이 뜨면
숲에선 소쩍새 밤새 울고

부모님이 잠들어 누운 그곳에서
나물 캐고 올갱이 주우면서
남은 생 같이 오순도순
그렇게 살아볼까

2

그래
우리 그곳으로 가 살자
못 갈 것 뭐 있나

어머니가 평생을 주무르던 그 흙에
우리가 좋아하던 꽃도 심고
아버지가 땀 흘리던 그 땅에
먹을거리 가꾸면서 그렇게 살자

풍광 좋은 그 언덕에
정자나무 심어 키우면서
평상 놓고
상추쌈 나누면서 그렇게 살자

3

해는 뉘엿뉘엿 서산에 지고
같이 보던 노을도 스러지고
백로가 날개를 접은 별밤이 오면
우리들의 이야기꽃
또나시 새록새록 피어나리

그대로 있어 줬으면 좋겠네

고향 정자나무 옆
굽이진 돌담이 아름다운 친구 집이
그때의 추억을 불러일으키는 순이네 집이
언제까지고 그대로 있어 줬으면 좋겠네

버즘나무 그늘 아래
추억이 오롯이 잠자는 곳
내가 다니던 그 작은 시골 학교도
언제까지고 그대로 있어 줬으면 좋겠네

여름이면 자주 가는 갈은 계곡
그 깊은 숲과 맑은 물도
그 속에서 노닐던 새들과 물고기도
언제까지고 그대로 있어 줬으면 좋겠네

살던 곳 다녀오다 들러서 먹던
금강가 그 오래된 국밥집도
그 맛 그대로 그곳에
언제까지고 그대로 있어 줬으면 좋겠네

그리운 어머니의 손맛을 달래주는
산막이길의 그 손두부집도
읍내의 그 해장국집도 강릉떡집도

그 맛 그대로 오래도록 있어 줬으면 좋겠네

밤이면 피어나는 아홉 개의 불빛이
그네 정든 이웃의 집들이
저기에 저 상태로 오래도록
언제까지고 그대로 있어 줬으면 좋겠네

세상에 진 빚 많아

세상에 진 빚 많아
나는 오늘도 외상값 갚듯
글을 쓴다

내가 거저 얻어온 것이 그 얼마이던가
내가 오염시키고 더럽혀 온 것
내가 남몰라라 했던 무책임은 또 어떻고
나 좋자고 타고 다니면서 뿌려온 매연은 또 얼마나 될까

세상에 상처를 준 나는
채권자에 얽매인 빚쟁이이다
농부들에게 진 빚을 생각해 본다
어부들에게 진 빚도 생각해 본다
내가 먹어온 무수한 생명들은 또 어떻고

옛 선현들에게 얻어 배운 지식의 빚을 생각해 본다
내 부모에게 받은 빚도 나는 다 갚지를 못했다
그는 돌아가셨고 그래서 나는 영원한 빚쟁이이다
뻔뻔하기 이를 데 없는 채무자이다
그것이 역설적이게도 내가 살아가는 이유다
그냥 편하게 죽을 수 없는 이유다

추억

나의 가장 가까운 벗은
추억입니다

기억은 머리로 하고 추억은 가슴으로 하는 것

추억을 떠올릴 때면
강물이 반짝이며 흐르고
어린 나뭇잎들이 저마다 빛을 내고
보리밭이 파도처럼 물결쳐옵니다

그리고 드디어 나타난 사람
젊은 그대가
웃음을 날리는 우리 애늘과 함께
그 속을 걸어옵니다

오래된 선물처럼
고독의 축복처럼
찾아오는 추억이 있어
그래도 외롭잖게 살아갑니다

내 답은

사는 게 뭐냐고 물으면
내 답은
그저 씩 웃고
차 한 잔 내놓는 거다

3

별꽃

별꽃

해가 지고
어두워져야
꽃이 핀다

별꽃의 바탕은
선명한 어둠이고
하늘이다

어둠 깊어질수록
더더욱 빛나며
커지는 꽃들

별농사를 지으며

이제 나도 마당 위에다 별농사를 짓는다
여기는 층층이 쌓아 올린 아파트가 아니다
가끔은 어둠 속에서 비도 맞게 해주고
밤이슬도 맞혀가며 내 별들을 가꾼다
하면 점점 더 커지고 밝아지는 별꽃밭

가을 되면 열매는 더욱더 풍성해지리라

대화

어젯밤에 주먹 같은 별들이
쏟아져 내렸는데
아침에 나와 보니 이뻐서 그런지
아이고, 누가 다 가져갔더구먼……

여보, 걱정하지 말아요
밤 되면 다시 갖다 놓을 거예요

창백한 푸른 점

우리 인류가 쏘아 올려 가장 멀리까지 간 우주 탐사선 보이저 1호. 그것은 지금도 무한 우주 공간에서 미아가 된 채 어디론가 날아가고 있겠지.

광대무변한 공간을 탐사하던 그것이 태양계의 외곽에 도달한 후, 카메라를 돌려 마지막으로 지구를 찍었다는 저 사진. 그것이 오늘도 내 마음을 경건한 세계로 이끌어 간다.

암흑 속 우주 공간에서 꺼질 듯 파리하게 빛나는 우리 별 지구. 지구는 저리도 작고 저렇게도 외롭고 볼품없는 하나의 창백한 푸른 점에 불과하구나.

지구에 존재하는 모든 생명들. 거기에 기대 사는 우리 인간이 더없이 중하고 신비롭지만, 우주 속 우리 존재는 그저 먼지에 불과할 뿐.

미국의 천체물리학자 칼 세이건은 『창백한 푸른 점』의 저자. 공교롭게도 그는 우크라이나 이민 노동자의 아들이었다. 지금도 우크라이나에서의 전쟁은 멈추지를 않는다. 폭탄이 터지고, 아파트가 무너지고, 학교 건물이 불타고, 아이들이 죽는다. 책이 우리에게 전해 주는 말.

우리는 아무것도 아니다
멀리 보고 겸손해라

욕심부릴 것도 없다
싸울 것은 더더욱 없다

서로를 친절하게 대하라

봄밤의 산수도

암탉이 알을 낳듯
어둡던 동산이 둥근달을 낳았다
산 숲 어디쯤에서
산이 꿩을 품어, 꿩이 알을 품어
더더욱 푸근해지는 봄

저기저기 번뜩이는 강물마저도
소란해지는 물가
물고기들은 지느러미 드러내며
알을 낳는다
강물이 물고기들을 낳는다

반달의 꿈

잎도 지고
차고 맑아진 가을
텅 빈 숲속 하늘에
저녁달이 떴다

가던 달이
나뭇가지에 걸려
열매처럼 등불처럼
내려다보고 있다

반달이다
반달이라서 더 좋다
오늘보다 밝을
내일이 있어 더 좋다

외로운 발걸음
나무 아래 서 본다
사위는 고요하고
나는 달빛에 싸인다

하늘꽃

온 천지 가득히
하늘꽃이 피었다

이럴 때면 아직도
내 가슴 설레어

눈 마중 하러
바깥으로 나아간다

들길로 숲길로
헤매고 다닌다

눈꽃에 묻히니
세상이 잠잠해졌다

산

먼 길 걸어 산에 이르면
그리하여 계곡 깊숙이 들어서기라도 하면
지붕 밑에 들어선 듯 편안하다
때론 그늘지어 시원하고
때론 바람막이도 되어주는 산
산은 별장 같은 내 집이다

나는 오늘도 내 집 찾아 산으로 간다
산은 나 같은 사람들의 집이다
그러나 내가 찾는 그 집은
너그럽고 아주아주 큰 집이라서
누구라도 갈 수 있고
누구나가 쉴 수 있는 집이다

산은 마당 없는 사람들의 집이요
정원 없는 사람들의 집이다
그렇기에 뜰 한가운데로 물이 흐르고
나무들은 기둥이 되어 서고
산봉우리가 벽이 되어주는 집이다
구름이 차양을 쳐주는 집이다

산 앞에서

하늘 그리워한
네 모습 바라보면
부인할 수 없는 일이 생각난다
너처럼 높고 의젓하게 살겠다던
그 옛날 그 맹세가

나무가 흔들린다고
산이 움직이는 것은 아닐진대
옷깃만 바람에 날려도
몸을 움츠리며 마음 흔들던 나
한낱 솔빛 아래 부끄럽다

움직이지 않는 너이기에
흔들리는 나이지만
나는 어디에서고
너를 볼 수 있었다
세월 가고 인정 변해도

저리 흔들리는 것들을 품에 안고
언제나
너처럼 높고 의젓하게 살겠다던
그 옛날 그 맹세가
또다시 겨울바람 앞에 흔들린다

나
이제
다시 너를 바라봐야 할 때

산과 나

산이 좋아
산길을 걸었던 것이
한 번 두 번 세 번

건강을 위해
산길을 걸었던 것이
일 년 이 년 삼 년

멋진 풍경 찾아
산길을 걸었던 것이
십 년 이십 년 삼십 년

같이 걷고
같이 쉬며
서로 보아온 세월

이젠
산 속에 내가 있고
내 안에 산이 있네

산에게 물어보네

내가 소년이었던 머언 옛날
나는 네 앞에서 물었네
강 건너 산 너머에는 무엇이 있느냐고
네가 쉽게 답하지 않아
나는 홀로 고개 넘어 먼 길을 떠났네

산 너머에는 또 다른 산이 있고
산 너머에는 마을과 도시가 있고
넓디넓어 끝없는 바다도 있었네
둘러본 세상 내가 만났던 수많은 사람들
내가 이때껏 추구해 왔던 것

이제 세월 간 뒤 늙어 돌아와
또다시 네 앞에서 나직이 물어보네
그간의 나는 누구였느냐고
내가 본 것은 무엇이었냐고
그리고 알게 된 것 또한 무엇이었냐고

탄식

올라갈 때
쉬면서 바라본 그 꽃

내려올 때
발밑에서 줍네

벼랑에 핀 꽃

어느 날 문득 나는 태어났고
한 줄기 바람이 운명처럼 불어왔다
그것이 내가 여기에 자라잡은 이유다

불행으로 뿌리를 내리고
아픔과 슬픔으로 자라온 나이지만
나에게도 어느덧 꽃망울이 맺혔다
그것이 지금의 가녀린 내 모습이다

부러울 것 없다 지나고 보니
행불행의 기준은 자신이 정한다
위태롭지만 그만큼 안전할 수도 있는 곳
나를 실어다 준 바람을 타고
하늘 가까운 곳에서 흔들리듯 춤춰 본다

두고 온 꽃

꺾어올까 망설이다가
뽑아올까 망설이다가

그대로 두고 온 꽃

간혹 적적할 때면
다시금 내 마음 밭에서
온전히 피어나는 꽃

선물같이 찾아오는 꽃

다시 피는 꽃

너를 보다
사랑하는 법을 배웠다
너를 보다
사랑하게 되었다

너를 보다
끝내 쓸쓸함과 마주했고
너를 그리며
한 계절을 견디었다

이제 쉬었다
다시 피어나는 꽃
그래서 너는 너납게
미덥고도 귀하다

어둠의 가르침

아침이 찬란한 것은
하루의 반이 밤이기 때문이다

절반의 어둠으로 하루를 이루듯
우리네 삶도 경험해야 할 어둠이 있다

터널을 뚫고 맞이하는 빛처럼
이 어둠이 성공을 낳고 행복도 만든다

4

내게 남은 좋은 것 하나

내게 남은 좋은 것 하나

아직도 내게 남은 좋은 것 하나는
보고 싶고 만지고 싶고 확인해 보고 싶은
내 유년의 호기심이 남아 있다는 거다

지금도 내게 경탄과 감탄이
내 생활 속 깊이 남아 있다는 것은
내 젊음이 아직은 다하지 않았다는 거다

아직도 보지 못한 세상이 있고
그에 대한 궁금증이 남아 있는 한
내겐 거둘 수 없는 꿈이 남아 있다는 거다

아직도 이런 감각과 의지가 살아있다는 것은
얼마나 큰 축복이며 선물인가?
이것이 없다면 난 죽은 거나 마찬가지

그래서 난 오늘도 꽃을 가꾸고
책을 읽으며 길을 찾고 여행을 한다
이것은 분명 내게 남은 좋은 것 하나

동해

동쪽 바다의
푸른 잉크를 찍어
나는 쓴다

좁디좁은
내 가슴속 백지 위에
새기듯 나는 쓴다

너처럼
넓고 깊게 살겠다고
맹세하듯 나는 쓴다

또다시
대관령 넘어온 것은
너처럼 그렇게
살겠다는 뜻이다

내 마음이 바다를 그리는 것은

내 마음이 바다를 그리는 것은
평평함이 이루어내는 그 평온이 보고 싶어서다
내가 바다 바라보기를 즐겨하는 것은
순전히 그 차등 없는 수평의 끝없음을 좋아해서고
춤추듯 함께 출렁이고 함께 분노할 줄 알며
함께 가라앉는 그 잔잔함을 공경해서다

내가 먼 고갯길을 넘어 동해까지 오는 것은
그리하여 월송정 뒤, 긴 모래톱을 따라 걸어도 보고
또 멈춰 서거나 앉아서 하염없이 하염없이
그 바다를 바라보고 또 바라보는 것은
바다 어디에서나 철칙같이 엄존하는
그 평등한 세상이 이루어내는 평화를 흠모해서다

동해에 가면

그저 가만히 바라보기만 하면 된다
대관령 넘어서까지 끌고 온 아픔일랑
저 흰 물결이 다 쓸어갈 것이기에
저 푸른 물바다가 다 담아갈 것이기에
가만히 바라보고만 있으면 된다

그저 멀리 바라보기만 하면 된다
이제껏 남아 있는 멍든 슬픔도
이때껏 남아 있는 상처 진 흔적까지도
저 푸른 바다가 다 씻어갈 것이기에
그저 가만히 바라보고만 있으면 된다

섬

쓰러진 자에게
섬은 서 있음 이다

눈물바다에서도
침몰하지 않는
서 있음 이다

먼 바닷가에서는

먼 바닷가에서는
파도가 그림을 그리면
해가 나와 그 그림을 본다

먼 바닷가에서는
썰물로 모래톱 아득해지면
게들이 나와 그림을 그리고
물새들 또한 그림을 그린다

먼 바닷가에서는
그렇게들 그려 놓은 그림을
그렇게 살아 있는 그림을
밤새도록 달만 보고 간다

먼 바닷가에서는
그렇게 하루 종일 매일매일
새로운 그림을 그리고
또 지우며 그렇게들 살아간다

먼 바닷가에서는
밀물이 새 화면을 만들면
바람 또한 새 그림을 그린다

동백정을 떠나며

응시는 또 다른
기억이요 추억이다

가슴에 새겨 넣는
그림이다

동백 꽃숲에서 바라보는
노을빛 저 바다는

두고두고 그리워할
풍경이다

* 동백정 : 충남 서천군에 소재한 정자로, 그곳에서 30년을 넘게 살다 떠나오면서 지은 시

함께하는 바람

고독해질수록 좋아지는 것이 바람이다
외로워질수록 가까워지는 것이 바람이다
바람은 바람이라 말하지 않는다
바람은 바람으로 모습 짓지 않는다

바람은 풀잎으로 말하고 나뭇잎으로 말하고
물결쳐오는 들녘의 푸른 볏잎으로 말한다
드넓은 바다의 그 하얀 파도로 말하고
반짝이는 은빛 강물로 그 모습 드러낼 뿐

대지를 더듬고 오는 향긋한 봄바람이 좋고
시원스레 설렁설렁 불어대는 여름바람이 좋다
홀로 있을수록 집 주위를 떠도는 바람
옷깃을 스치는 가을바람에 정스러움을 느낀다

바람은 숨어 사는 대지의 숨결이다
나는 오늘도 그 살아있음에 귀를 기울인다
기다리는 것이 많기에 바람은 멈출 수 없고
약속한 것이 많기에 홀로 죽을 수 없다

바람은 때로 포악스럽게 다가오기도 하지만
다시 속삭이듯 뭔가를 말해주고 떠난다
바람은 홀로 움직이는 것으로 길을 떠나고

바람은 그렇게 흔들리는 것으로써 영생을 누린다

바람은 홀로 가는 자의 영원한 벗이다
그래서 바람을 볼 줄 아는 사람은
바람을 이해하는 사람은 지혜롭다 하겠다
바람으로 하여금 나는 살아있음에 함께한다

풍요로운 삶

그는 위정자도 재벌도 아니다
단지 공부하고 글을 쓰는 학자일 뿐이다
나는 그의 책 모두를 읽었다
그리고 100여 권에 이르는 그의 번역서까지도
빠짐없이 읽고 꼼꼼히 읽고
다시 읽으며 음미했고 간직했다
그의 삶을 부러워했던 나는
그의 글을 졸졸 따라다니면서 그를 탐구했고
그러면서 그의 인생관 생활방식을 알아내었고
그가 무슨 생각을 하며 사는지도 알 수 있었다
내가 그의 삶으로 살 수 없을 바에야
그의 삶을 철저히 연구함으로써
그의 삶을 내게로 가져오고 싶었다
곁에 두고 함께 하며 같이 살고 싶었다
지면으로나마 또 다른 삶을 속 깊이 느껴보고 싶었다
그는 어느새 내 삶의 일부가 되었고
그런 속에서 나는 그의 삶을 간접 체험하며 살았다
그의 글에 투자한 시간이 아깝지 않다
독서의 깊이는 또한 삶의 길을 넓힌다
그것이 그간의 내 삶을 풍요롭게 했고
글의 길이만큼이나 생의 길이까지도 늘여 주었다
가슴속에 간직한 또 다른 삶의 경험에
내 스스로가 만족하며 산다

* 그 : 불문학자 김화영 교수

내가 한 괜찮은 일 하나

내가 글을 배워 무엇보다도 좋았던 것은
좋은 글을 읽을 수 있었다는 거다
내가 공부하여 가외로 좋았던 것은
좋은 책 고르는 능력이 갖춰졌다는 거다
그것은 덤으로 따라온 더할 수 없는 축복

나는 글을 통해 세상을 보았고
책을 통해 수많은 사람을 만날 수 있었다
내 독서 영토는 참으로 멀고도 넓어서
드넓은 바다 미지의 설산을 넘어
시공을 뛰어넘는 머나먼 세계로 이어져 갔다

책에서 끝없는 가르침을 받고
글처럼 아름다운 삶을 살고자 마음먹었다
또 그렇게 흉내 내 사는 것도 괜찮을 것 같아
허구인 글의 힘을 빌리고 책을 믿어
현실의 어려움을 극복할 수 있었다

돌아보면 괜찮은 일 하나 해온 것 같다
국어 교사로서 말만 가르친 것이 아니고
남달리 작품으로써 학생들을 가르친 거다
끝없이 책을 읽히면서 그 의미를 찾고
아이들에게 그것을 풀어주고 전해 준 거다

그것은 일깨우고 길을 들여 가는 일
그들에게 버릇됨을 만들어 주는 노력이었다
그래도 내가 한 일 중에 괜찮았던 것은
글맛을 느끼고 책에서 의미를 찾는
그것으로 인생 사는 법을 가르쳤다는 거다

충고

좋아한다고 사랑한다고
너무 정 주지 마라

헤어질 때 떠난 뒤에
견디기 힘드니까

이별

미련 갖지 마라
그리움만 커지니까

여울 물소리

설핏한 저녁이면 가끔 강가에 나앉아
조약돌 위를 서둘러 흘러가는
여울 물소리를 듣는다

노래로 흘러내리는 강물 소리여
강마을의 이야기를 싣고 온 물소리여
너는 언제 들어도 좋구나

저렇게 흐르고 흘러
내게로 흘러왔던 것은 무엇이며
또한 내게서 흘러갔던 것은 무엇인가

물처럼 흘러가 버린 세월이여
내가 그제 보았던 물은
지금 어디메쯤 흘러가고 있을까

산굽이 돌고 돌아온 물소리에
나의 귀를 맡긴다
세상 밖 맑은소리에 나의 귀를 씻는다

5

강을 보며 사네

강을 보며 사네

물이 저 멀리서 흘러오고 흘러가는 것을 보면서
가끔 물이 불었다 줄었다 하는 것을 보면서
흙탕물이 맑은 물이 되어 가는 것을 보면서
흐르던 물이 얼고 풀리는 것을 보면서
새들이 강으로 돌아오고 살다 가는 것을 보면서
물고기들이 태어나고 자라나는 것을 보면서
그렇게 자라다 때때로 먹이 되는 것도 보면서
풀이 나고 꽃이 피고 숲을 이루어가는 것을 보면서
짐승들이 내려오고 깃들어 사는 것을 보면서
낮은 곳을 향해 끊임없이 흘러가는 것을 보면서
그렇게 흘러감으로써 깊이를 더해 가는 것을 보면서
먹이고 씻기고 키우는 그의 모습을 보면서
강물이 들려주는 이야기에 귀 기울여 보면서
나도 한 줄기 강물 됨을 생각도 해 보면서

과원 부근

먼 종소리에
꽃내음 밀려오는
노을진 들녘

향류원 소일

아, 이곳 자이의(自怡椅)에 앉으면
강도 좋고 산도 좋아라
강은 계절 바꿔 새를 부르고
산도 이따금 구름을 불러오네

꽃이어도 좋고 잎이어도 좋아라
아니 낙엽 진 나무라도 좋아라
세월 속 시간이 길러가는 나무들
강은 정원의 향기 싣고 흐르네

나는 저물도록 멍하니
제월대(霽月臺) 소나무 바라보다
고산정(孤山亭) 언덕 위루 떠 오르는
허연 달을 보며 웃네

밤 줍기

작은 밤 줍는 것은
재미있어 좋고
큰 밤 줍는 것은
흐뭇해서 좋아

작은 밤 먹는 것은
맛이 있어 좋고
큰 밤 먹는 것은
배가 불러 좋아

꽃에게 물으면

오늘도 위안이 되는
꽃에게 묻는다

어떻게 살면 되는 거지?

꽃은 그저 웃어만 줄뿐
말이 없다

그리하여 재차 물으면

슬며시 향기만 줄뿐
여전히 말이 없다

겨울나무 사이마다

먼 별빛을
반짝이는 꽃으로
불러오는 겨울밤입니다

앙상한 나뭇가지 사이마다
그리움이
별꽃으로 피어났습니다

어둠 속에서
추위 속에서 더욱더 빛을 발하는
은빛 별꽃들

봄이면 오는 친구

오랜 기다림 끝에
긴긴 겨울이 지나고
내 작은 뜰에
또다시 친구가 찾아왔습니다

지난해도 다녀갔고
올해도 또다시 어김없이 피어나
저렇듯 웃음과 향기를
전해 주고 있습니다

잠시 머무르다 가겠지만
그래서 더욱 소중한 매화는
봄이면 다시 오는
정 많은 내 오랜 친구입니다

가는 새

노을진 강변 저 하늘 끝으로
백조들이 줄지어 날아간다

오, 스쳐 가는 행복같이
마음에 담기에는 너무도 빠른 비행

아쉬운 순간이여! 잠시 멈추어 다오
저 아름다운 풍경을
내 영원히 기억할 수 있도록

나뭇가지와 새

나뭇가지에 새가 와 노래하는 것이
듣기 좋고 보기 좋다 하더라도
그것은 우리를 위한 것만이 아니다

나무가 나뭇가지를 늘리는 일이
새들을 맞기 위한 그들의 몸짓이라면
우리는 그에서 한발 물러서야 한다

나뭇가지와 새는 좋은 친구다
땅과 공중에서 만남을 약속 짓는
그러다 때때로 함께 어울리기도 하는

날개를 가지고 날아다니던 새가
나뭇가지를 찾아와 앉는 것은
나무들의 그런 배려심을 알아채서다

내가 기다리는 것들은

사람들은 내가 이곳에서 누구를 기다리며 사는지를 모른다. 그들은 내가 무엇을 기다리는지는 더욱 모른다. 그러는 사이에 소리 없이 달이 뜨고 꽃은 핀다.

내가 누구를 맞이하고 또 작별하는지에 대해서도 그들은 관심 두지 않는다. 나는 말하지 않고, 말할 것도 없고, 말하지도 않을 것이니까.

그들은 모르리라. 그러나 외로운 자의 마음속 오랜 기다림은 언제나, 강으로 청둥오리를 불러 모으고, 고니 재두루미 백로를 이어 닿게 했다. 여름이면 꾀꼬리를 숲으로 불러들이고, 집에서는 제비를 맞아들였다.

오고 가며 순환하는 모든 것이 다 내 기다림이다.

그들은 모른다. 내가 누구를 기다리는지에 대해서. 관심 없으리라. 텅 빈 강가에서 먼 하늘 바라보며 홀로 배회하고 있는 자에 관해서.

사람이 옆에 있다고, 사람이 모여 있다고, 외롭지 않은 것은 아니다. 더 깊은 고독은 사람 너머 집 가까운 곳에 있다. 그래서 기다림은 때로 그리움을 낳고, 사랑을 낳고, 슬픔을 낳는다.

그래도 아직은, 아직이라고 말하고 싶은 것은, 눈 덮인 산맥을 넘는 재두루미가 있고, 드넓은 바다를 건너오는 제비가 있기 때문이다.

누구도 모르리라. 관심 두지 않으리라. 내가 누구를 기다리며 사는지를, 무엇과 함께하고 싶은지를. 그리고 그것이 오늘을 지탱하는 내 힘이요, 믿음이라는 것을…….

밀회

목련꽃 달그림자 속에서
나는 그녀의 처녀 적 이름을 부르노라
은밀한 살결과 체취를 느끼면서

매화

보고픈 날이 아무리 길어도
네 웃음 잃은 적 없고
기다린 날이 아무리 추워도
네 향기 버린 적 없다

비를 따라 산다

빗소리에 잠 깨어 일어나는 아침처럼 내 마음 기쁘게 하는 것 있을까. 그래서 그런지는 몰라도 비를 좋아하는 나는 먼지 풀풀 날리는 메마름의 끝에서, 오늘처럼 가끔은 비가 내리는 지역으로 슬며시 여행을 오기도 한다.

부슬부슬 비가 내리면서 다시금 물기 머금는 대지를, 고개 숙여 비를 맞이하는 그러면서 생기를 되찾는 저 초목의 고마워하는 모습을 보아라. 그러면 내가 미친 사람처럼 비를 찾아 여기까지 온 모습이 이해되리라.

비를 따라 산다. 비를 보며 산다.

낙숫물 떨어지는 소리가 좋아 집을 지으면서 빗물받이를 하지 않았다. 기왓골에서 받쳐 놓은 빈 항아리로 떨어져 내리는 것은 폭포. 정원에 채소밭에 흩뿌리는 빗방울처럼 내 마음을 촉촉이 적셔주는 것이 있을까.

비가 내릴 때면 어김없이 한 그루 나무 되어 같이 비를 맞는다. 하면 마음은 빗물 더한 강물처럼 풍요로움으로 차 흐르고, 땅으로 스미는 빗방울의 뒷모습. 그것은 언제나 보이지 않는 물이고 생기이고 생명이었다.

먼 고향

연이은 산봉우리들이 자연 성곽을 이루었다
한 가닥 굽이진 고갯길이 나져 있었다
뒷산에 자리 잡은 당산나무 한 그루
마을을 지켜주듯 언제나 거기에 서 있었다

서재로의 초대

지극한 즐거움이 있어요
언제든 들어 오세요

조용히 등불을 켜고
먼 곳으로 여행을 떠나요

금방 옮겨갈 수 있어요
당신이 가고픈 그 세계로

서재에서

나는 빛나는 이름 앞에서도 부끄럽지 않았다. 내 평생의 스승으로 삼아온 서재에 꽂혀 있는 수많은 위인들이 나를 지켜주었기에…….

나는 부자들을 보며 크게 부러워하지 않았다. 내가 읽어온 수많은 책들이 적은 돈으로도 행복하게 살 수 있는 것을 가르쳐 주었기에…….

나는 권세 있는 사람들 앞에서도 위축되지 않았다. 내가 읽어 온 수많은 책들이 내 삶으로써 당당할 수 있는 것을 가르쳐 주었기에…….

네가 지켜보았기에 흔들리는 내 양심을 지켜올 수 있었고, 허름한 내 살림에도 당당할 수 있었고, 보잘것없는 내 자리에서도 떳떳할 수 있었다.

너는 나의 오래된 스승이요, 두툼해진 믿음이요, 정들어온 벗이었다. 그렇기에 나는 고독한 편이지만 네가 있어 언제나 그 고독을 잊고 산다.

책과 글

책을 통해 나는 세상을 보았고
글을 통해 세상과 이야기를 나누었다
오랜 세월 함께 해온 벗이여
그들은 나의 또 다른 눈이었고 입이었다

젊음으로 죽는다는 것

중국 명기 소소는 가장 아름다운 때인
열아홉 살에 죽음으로써 영원한 아름다움을 남겼고
동백꽃은 가장 붉을 때 떨어지는 것으로써
우리에게 아름다움으로 그 꽃을 기억케 한다
서른두 편의 시를 남기고 서른두 살에 죽은
미국의 시인 조이스 킬머가 그랬고
우리가 잘 아는 고흐가 그랬고 모차르트가 그랬다

아쉬운 죽음은 그리움을 부른다는데
하는 것 없이 너무 길게 살아온 생이여
과연 나의 끝 모습은 어떤 모습일까
백합은 피어날 때만 아름다운데
늘 깨끗한 죽음 자리 하나를 소망하며 산다

두엄더미

소똥도 돼지똥도 닭똥도 인분도 지푸라기도 풀뿌리도 왕겨도 썩은 호박도 상한 감자도 병든 고구마도 배춧잎도 언 무도 쉰 밥도 생선 찌꺼기도 닭털도 함께 섞여 어우러지는 두엄더미. 그러면서 쓰레기도 먼지도 흙덩이도 구정물도 수시로 뒤집어쓰는 두엄더미. 더럽다 침 뱉어도 아무에게나 그 너그러운 품 내어주고 쉬파리 하루살이 불러 모으고, 텃새도 닭들도 고양이도 개들도 마다치 않고 오줌 싸고 똥을 눠도 기꺼이 받아주는 두엄더미. 굼벵이 지렁이도 품에 안아 키우면서 달을 보다 별을 맞고 별을 보다 밤이슬에 젖으면서, 비바람에 젖으면서, 뜨거운 햇살에 푹푹 썩어 농사꾼의 밑천이 되어주는 두엄더미. 가을 가고 겨울 깊어 봄이 오면 곰삭도록 썩고 썩어 끝내는 제 본질로 되돌아가 다시 대지의 푸른 꿈을 꾸게 하는 두엄더미. 구릿한 쿠린 케케묵은 정 같고 고향 같고 흙 같은 그래서 죽은 흙을 살려내고 싹을 키워내는 두엄더미. 자신을 끝없이 썩히고 지우면서 흙과 하나 되어 열매를 키워내고 사람들을 건강하게 살려내는 두엄더미.

유언

1

제월대(霽月臺) 맑은 하늘에 둥근달이 뜨거나
휴석원(休石苑) 뜰 안에 꽃들이 가득히 피어날 때면
따라서 벌 나비 날아들고
이따금 새들이 찾아와 한 소절 노래 부를 때면
내 사랑하는 딸이여 아들이여
그것이 이 아버지가 너희들에게 주고 간
낙서재(樂書齋)의 내 마음인 줄만 알거라

2

귀엽기만 한 내 사랑하는 손자 손녀여
때로 계절이 바뀌고 바람이 불고
누렇게 변한 향류원(香流園) 널따란 잔디밭 위로
하얗게 흰 눈이 뒤덮여 갈 때면
그것은 이 할아버지가 눈 문자로 써 보내는
너를 향한 너희들을 위한 그리움의 편지
세월 가고 먼먼 날에도 다시 볼 수 있는……

6

노르웨이가 그리워

노르웨이가 그리워

나 여름이면 노르웨이로 가고 싶네
그곳으로 가 한 계절 목동으로 살고 싶네
호숫가 언덕 위의 오두막집 한 채 얻어
떠가는 구름 보며 한가한 시간을 보내고 싶네

염소 울음소리에 깨어나 젖을 짜고
지천으로 깔린 블루베리 따 아침 먹고
들꽃 핀 풀밭에 누워 하늘 나는 제비 보다
호숫가 나무숲 바라보면 한낮도 기울고

얼음은 물이 되고 물은 폭포가 되어
산 위에서 가마아득히 떨어져 내리는 곳
물은 거품을 내며 암빈을 줄줄이 타고 흘러
긴 계곡을 따라 호수로 흘러드는 곳

나 여름이면 그런 노르웨이로 가고 싶네
설산은 저녁을 맞아 황금빛으로 빛나고
그렇게 염소 따라 언덕진 풀밭을 거닐다 보면
백야의 기인 낮 시간도 쉬엄쉬엄 흘러가리

블레드에서

벽안(碧眼)의 여인을 닮은 푸른 호수여!
눈 덮인 줄리안 알프스의 설산이여!
암벽에 선 붉은 지붕의 성채여!
섬에 우뚝 솟은 성당이여!
그리고 크고 작은 별장들이여!

아, 나는 첫눈에 반했네
이 작은 소읍(小邑)에

설렘이여!
멈추지 말아 다오
이 가슴 뛰는 순간을
저 아름다운 풍광을
내 영원히 간직할 수 있도록……

푸시킨 동상 앞에서

어린 시절
시골 이발관에서 머리 깎을 때마다 보았네

　생활이 그대를 속일지라도
　슬퍼하거나 노하지 말라
　설움의 날을 참고 견디면
　머지않아 기쁨의 날이 오리니

　현재는 언제나 슬픈 것
　마음은 미래에 살고
　모든 것은 순간이다.
　그리고 지난 것을 그리워하느니라

어느덧 외워버린 그 시를
나는 오래도록 가슴에 넣고 살았네

내 힘든 삶의 위로가 되었던 그 시
인생의 과거와 현재와 미래가 숨어있었던 그 시
나는 지금 그 시인의 동상 앞에 와 있네
고마움에 공원에 핀 철 지난 민들레꽃 한 송이
꺾어 바치며 다시 한번 읊조려 보네
나를 이 먼 나라 그의 앞으로 이끌어 왔던 그 시
나는 지금도 그 시를 믿으며 살고 싶네

넵스키 대로에서

한겨울 도스토옙스키가 걸었던
넵스키 대로에서 나는 생각해 보네
라스콜리니코프가 살았던 골목
노파가 살았던 그 전당포를 올려다보며 생각해 보네
사회 정의가 무엇인가를
누가 누구를 벌할 수 있는가를

내 죄를 생각해 보고
내 벌을 생각해 보네

나무의 나라

노르웨이는 공항 바닥도 나무요
다리도 나무요 전봇대도 나무다
집도 나무요 담장도 나무요
교회도 나무요 팻말도 나무다
그래서인지 노르웨이 사람들은
누구에게고 나무 냄새가 난다

스페인 하늘의 한 점 구름이고 싶네

나는 스페인 하늘의 한 점 구름이고 싶네
푸른 지평선이 아득한 오렌지밭이 끝없는
그 파란 하늘 속으로 얼굴 씻고 떠오르는
한 덩이 깨끗한 구름이고 싶네

아니면 구릉진 그 밀밭 위로
맑고 푸른 그 광활한 하늘 속으로
꽃처럼 소리 없이 뭉게뭉게 피어오르는
하늘 속 한 덩이 구름이고 싶네

때로는 무리 구름으로 어울리다가
때로는 외톨이로 마을 위를 떠돌다가
익어가는 밀밭 끝없는 포도밭을
아니면 메마른 올리브밭을 찾아가는 구름

새하얀 구름으로 더욱 빛나던 하늘
잠시 노을빛에 물드는가 하면
달구어진 대지를 촉촉이 적시고 사라지는
스페인 하늘의 한 점 구름이고 싶네

그 강가가 그리워

강 앞에 앉은 내 마음은
하늘을 떠가는 철새들의 날개
다시 가고픈
먼 나라의 강가를 그리워하네

오스트리아 바카오 계곡을 흐르던 강
강물은 넘실대고
나무마다 누렇게 익어가던 살구
그 향기를 그리워하네

끝없이 이어지던 포도밭
돌로 포장된 구부러진 시골길
기슭이 낡고 예쁜 농가들
그리고 웃음 띤 사람들을 그리워하네

세월은 가고
바람은 오늘도 불어
내 마음 부단히 흔들릴 때면
저어가는 날개에 또다시 마음을 싣네

미국에 와서

로버트 프로스트의 나라에 와
나는 책방에 갔네
젊은 시절 내게 언제고 탐나던 것이 책
이 책 저 책 뒤적거리다가
시집 한 권 사 들고 나는 읽네
눈에 익은 「가지 않은 길」「눈 오는 숲속에 서서」를
더듬거리며 원어로 읽어 보네
농부 시인 프로스트를 대하며
그를 넘어 어렴풋이 미국을 느껴보네
나의 가지 않은 길을 또다시 더듬어 보네

워즈워스의 고향에서

영국의 낭만주의
세계 서정시의 본향에 와 나는 생각하네
워즈워스가 살았던 그 집
그 마을에 와서 나는 알았네
풍경이 그대로 시가 될 수 있다는 것을
명시 「수선화」 「무지개」 「뻐꾸기에게」 「삼월」
「추수하는 아가씨」
그리고 「자연에 진 빚」 등이 다
그대로 그곳의 풍경이요 일상이라는 것을
그의 그 아름다운 시들은 그가 만든 것이 아니라
그가 그 호숫가에서 숲속에서 돌담길에서
양들이 풀을 뜯는 민둥산에서 흰 구름에서
그저 주워왔을 뿐이라는 것을
그곳의 자연이 그에게 준 선물이었다는 것을
나는 보고 또 알았네
고향 글라스미어는 워즈워스를 낳고
워즈워스는 단지 그를 보며 시를 썼을 뿐

후기

말을 기록인 글로 남긴다는 것은 참으로 편리해서 좋다. 그것이 시 글이 될 때는 문자를 넘어 시어가 되고 노래가 된다.

진선미(眞善美) — 세상이 더 참되고 착하고 아름답기를 희구한다. 그를 위해 나는 책을 읽고 생각하며 자연을 관찰하고 관조했다. 그 속에는 바라보는 기쁨이 있었다. 이 시집이 작지만 그런 넓은 뜻에 궤를 같이했으면 하는 바람이다. 내가 꿈꾸는 미래는 개선되고 보다 더 인간적인 사회이다.

돌아보니 내 삶은 지적 항해를 위한 영원한 물음이었다.

♣ 「산과 나」 와 「산 앞에서」 두 작품은 수정을 한 관계로 전 시집의 것을 재수록하였다.

지금은 마지막 햇볕으로
꽃을 피우는 시기

초판 1쇄 인쇄 2023년 5월 25일
초판 1쇄 발행 2023년 5월 30일

지은이 윤병화
펴낸이 강영선
펴낸곳 도서출판 용의 숲
주소 서울시 마포구 서교동 361-9 3층
전화번호 02-338-5113
팩시밀리 031-914-5113
휴대폰 010-9177-8210
E-mail dragonpc@hanmail.net
출판등록 2004년 3월 29일 제313-2004-00078호

주문처 / 한국출판협동조합
전화 070-7119-1741 | 팩스 031-944-8234~6

ISBN 978-89-93703-50-4 03810